TRAITÉ,
De la Défense interieure
et exterieure
DES REDOUTES,
Avec la Méthode de les Construire, tant
en pleine, qu'au Sommet et au pied des
Montagnes, enfin entre le Sommet et le
pied des Montagnes, et dans les Valons.
Par M. De Touzac,
Lieutenant reformé du Regiment de Poitou,
et Ingenieur Geographe du Roy.
Gravé par Chambon, de la Societé Litteraire-Militaire.
A PARIS,
Chez Claude Herissant, Imprimeur Libraire,
rue Notre Dame, à la Croix d'or.
1762.

TRAITÉ,
De la Défense interieure
et exterieure
DES REDOUTES.

Definition

N nomme *Redoute ou Fort, une partie de la Surface d'un Terrein, de Figure reguliere ou irreguliere, entourée d'un Solide de terre ou gazon, dont l'epaisseur doit non seulement resister à la bale d'un fusil, mais encore au boulet du Canon.*

Definition

On nomme Parapet, le Solide de terre qui entoure une partie de la Surface d'un Terrein, avec une hauteur de trois à quatre Pieds et demi.

Definition.

L'action avec laquelle le Parapet resiste se nomme défense.

Corollaire.

Donc, la défense est une force.

Definition

Il y a deux sortes de Redoutes: sçavoir celles dont aucune des parties ne défend l'autre qu'on nomme Fort naturel, et celles dont l'une des parties défendra l'autre se nommera Fort.

Definition

Le Terrein qu'une troupe occupe pour veiller à la sureté d'un autre, se nomme Poste.

Remarque

On choisit ordinairement pour Poste, le Terrein le plus avantageux qu'il est possible dans l'endroit où l'on veut se garder, et lorsque le Terrein est distribué par la nature, de manière à pouvoir non seulement découvrir facilement de toutes parts le mouvement d'une troupe qui voudroit se saisir du Poste, mais encore à pouvoir lui donner des obstacles tels que les Ravins, Ruisseaux, Rivieres, Montées, Précipices, Rochers, on nomme alors ce Poste redoutable, ou lieu qu'on redoute. C'est pourquoi, une Redoute est à proprement parler un Poste choisy avec obstacles, contre celui qui veut l'approcher: et lorsque le Terrein n'a aucun des susdits obstacles pour avantage, on y suplée par un Solide de terre, si l'on veut soutenu interieurement et exterieurement par des Facines, assurées avec des Piquets et rangées dans la meilleure forme qu'on peut lui donner, par raport au Terrein ou à la quantité de la troupe que l'on veut mettre à couvert des coups de fusil ou Canon.

PROBLEME, Figure 1.ere

Faire le Profil d'une Redoute dont le Parapet doit resister au boulet du Canon.

Solution.

Soit un Parallelograme rectangle A B E C *dont la hauteur* A B *soit de* 4 *pieds et demy et la longueur* A C *de* 18 *pieds; aprés avoir pris sur la ligne* C E *une quantité* C D *d'un pied et demy, on tirera la ligne* B D *prolongeé jusques à ce qu'elle rencontre à quelque point* F *le prolongement* C F *de la ligne* A C, *lequel prolongement* C F *sera de* 9 *pieds, qu'on prendra pour la largeur du Fossé; soit du point* A *menée une parallele* A H *à la ligne* B F *qui rencontrera au point* H *la perpendiculaire* F H, *qui partira de l'extremité* F *de la ligne* A F, *et à quelqu'autre point* G *le prolongement* C G *de la ligne* C D. *Soit la ligne* A C *prolongeé d'une quantité* A T = 3 *pieds; soit la même ligne* A C *divisée en trois parties égales* A K, K L *et* L C. *Soit aux points* K *et* L *elevés les perpendiculaires* K I *et* L M, *qui rencontreront la ligne* B F *l'une* au point I et l'autre au point M. Soit sur la ligne B A pris une quantité A V = 1 pied et demy. Soit du point V mené une ligne V S parallele et égale à la ligne T A; soit tirée la ligne S T qui sera la hauteur de la banquete S T A V S. Soit faite la partie S R de la ligne S V = 3 pieds; soit tirée la ligne B R pour le Talut interieur du Parapet; soit faite la ligne K N = K I; soit tirée la ligne I N qui sera un côté d'une tranchée I N L M formée dans le Parapet. Soient faites les lignes G O et P H chacune égale à deux pieds, soient tirées les lignes C O et P F qui seront les Talus oposés du fossé C O P F; et l'on aura par ce moyen fait le Profil d'un Parapet avec un Fossé une Tranchée et une Banquette tel que A T S R B I N L M D C O P F, et qui poura resister au boulet du Canon.

Remarque

Lorsqu'on ne fera point de fossé devant une Redoute, on pourra l'entourer de Palissades comme on verra dans la 2.ᵉ Figure

PROBLÊME Figure 2e.

Faire le Profil d'une Redoute destinée seulement pour résister à la bale du fusil.

Solution

Soit une ligne A C de 27 pied, soit au point A élevée une perpendiculaire A D à la même ligne A C, qu'on fera égale à 4 pieds et demi, soit sur la ligne A C pris une quantité A F = 12 pieds, et une autre quantité A B = 18 pieds, soit au point F élevée une perpendiculaire F E à la ligne A C, qui rencontrera en quelque point E la ligne D C, tirée de l'extrémité D de la ligne A D à l'extrémité C de la ligne A C, soit sur la même ligne A C pris une quantité A H = 6 pieds, et du point H on mènera une parallèle H G à la ligne A D, qui rencontrera en quelque point G la ligne D G, et après avoir fait la ligne H I = la ligne G H, on tirera du point D au point B la ligne D B qui rencontrera en quelque point P la ligne H G, du point P au point I on tirera la ligne P I qui sera le Talus extérieur du Parapet.

Soit la Banquette A Q N O construite comme dans la figure précédente, ainsi que le Talus intérieur D M, soit la ligne D G le Talus supérieur du Parapet, et la ligne E C celui d'un Glacis, par ce moyen on aura fait le Profil d'une Redoute pour résister à la bale du fusil avec un Glacis et une Tranchée GIFE, et puis on placera les palissades au point F qui surpasseront la ligne FE de 6 pouces, et qui seront enfoncées dans la terre de deux pieds ou d'un pied et demi: ainsi la figure AONMDPIFECA sera le Profil de la Redoute proposée, avec un Glacis Tranchée ou chemin couvert et Palissades.

1re. Remarque

On Remarquera que lorsque les Talus extérieurs sont fort grands, c'est-à-dire lorsque leur base est posée sur le côté d'un triangle rectangle isocelle, dont l'hipoténus seroit le Profil du Talut, l'ennemi ne sçauroit être à l'abri d'un coup de fusil lorsqu'il voudroit monter sur le Parapet, ou creuser dans le Talut pour s'y enfoncer ou détruire la Redoute, si de dedans la Redoute on veut monter sur le Parapet sans approcher beaucoup du bord extérieur pour l'en empêcher.

2e. Remarque

En pratiquant des Tranchées ou chemins Couverts dans le Parapet ou hors du Parapet, on se donne des forces secondes, et pour lors celle des deux qui se trouve soutenue par l'autre résiste bien plus longtems qu'elle ne pouroit dans le cas ou elle ne seroit pas soutenue, de plus l'ennemi ne franchiroit pas sans une grande perte une Tranchée bien défendue.

3ᵉ. Remarque

Dans le cas où le Parapet sera construit pour résister à l'arme la plus forte, c'est-à-dire au boulet du canon, on pourra le construire avec du Gazon s'il est facile d'en avoir, et dans le cas ou le Parapet n'est fait que pour se garentir des coups de fusil on ne lui donnera que 3 pieds d'épaisseur, et l'on pourra alors le construire avec des pierres placées les unes sur les autres si l'on ne trouve pas du gazon ou de la terre qui soit à portée, de manière qu'on observe de former un Talut intérieur et extérieur.

Définition

On nomme le Talut du Parapet, un Plan qui n'est perpendiculaire n'y parallèle à la surface sur laquelle on a construit le Parapet, qui est toujours suposée horisontale.

Définition

On nomme le Talut supérieur du même Parapet celui qui part du bord supérieur de la surface intérieure du Parapet suposé perpendiculaire à l'horison, et va rencontrer obliquement le Plan vertical extérieur du même Parapet, et enfin Talut extérieur celui qu'on forme en dehors du Parapet, et qui a la même propriété que l'intérieur. On peut le faire partir si l'on veut du niveau du terrein, et le terminer au fond du fossé, comme j'ai fait suivant la ligne C O de la 2ᵉ figure.

Définition

On nomme Fossé, un vuide ou deffaut de terre dans le niveau du terrein où l'on a construit le Parapet.

4ᵉ. Remarque

Il y a des cas où un terrein exige qu'un Parapet soit plus ou moins élevé, suivant la figure ou forme d'un terrein inégal qui peut environner la position que l'on a choisi, comme l'on verra dans la suite.

5ᵉ. Remarque

Quand on veut se passer de Banquette, on ne donne que trois pieds et demi de hauteur au Parapet, et l'on fait à la distance de 3 ou 4 pieds du même Parapet et intérieurement, des trous dans la terre qui ayent 1 pied ou 1 pied et demi de profondeur, et qui soyent assés larges pour qu'un Soldat puisse s'y placer, pour y pouvoir charger son fusil à l'abry des coups de l'ennemi.

Définition

Lorsqu'un Parapet ne ferme pas entièrement un espace ou Plan, comme on le voit représenté dans la 3ᵉ figure D A B C E, on nommera cette partie de fortification Lunette flanquée, lorsqu'elle aura des flancs D A et C E, et lorsqu'elle n'en aura pas on la nommera simplement lunette, et dans la 4.e figure H F G I la partie G F se nommera Traverse, parce qu'elle coupe le chemin qu'on pourroit faire du point B au point K, et les parties H F et I G se nomment Épaulemens, parce qu'ils couvrent les flancs de ceux qui peuvent se placer tout le long de la Traverse G F suivant laquelle on veut se défendre.

Définition.

Lorsqu'un Parapet ferme entièrement un endroit, et qu'aucune partie du même Parapet ne défend l'autre, comme l'on voit dans les figures 5.e 6.e 7.e et 8.e chacune de ces figures est nommée Fort naturel, ou Redoute, parceque le terrein choisi pour Poste n'ayant à l'entour de lui aucun obstacle qui peut donner avantage sur celui qui voudroit attaquer ce Poste, on a été obligé de lui substituer un Parapet pour le rendre redoutable, dont le nom de Redoute a tiré son étimologie.

Définition.

Lorsqu'une Redoute aura des parties dont l'une défendra l'autre, comme dans la figure 9.e, on la nommera Fort, parcequ'alors cette Redoute aura les mêmes propriétés qu'une Place forte.

6ᵉ Remarque

On ne construit les Redoutes que proporti-onellement au nombre des Soldats qu'il faut pour les défendre, et de la meilleure forme que le terrein peut fournir : par exemple on a 50 Soldats, et l'on veut faire une Redoute pour cette troupe ; on part du principe que chaque Soldat doit occuper 3 pieds d'une ligne, on dit alors qu'il faut que ce contour de la Redoute aye intéri-eurement 50 fois trois pieds, ou 150 pieds pour être proportionel à la susdite troupe de 50 Soldats.

PROBLÊME Figure 5ᵉ

Construire une Redoute quarrée A B C D.

Solution

Soit la ligne B C, égale à la ligne D C, et per-pendiculaire à l'extrémité C de la même ligne D C : du point D on tirera une ligne D A, qui sera l'un des côtés du quarré A B C D, puis on prendra à droit et à gauche du milieu G du côté D C 6 pieds, ce qui donnera une porte où 4 Soldats pourront passer de front, et puis ayant donné à la Redoute des epaisseurs E H où F I depuis 3 toises jusqu'à 3 pieds, suivant qu'elle sera desti-née pour résister au boulet du canon ou à la bale du fusil et, l'on ménera une parallèle à chacun des côtés du quarré, telle que KL, NM, NK, et ML. Soient tirées les diagonales AC et BD du susdit quarré, et de leur point d'intersection Q au milieu O et R des lignes DG et GC, et l'on tirera les lignes QO et QR. Soit tirée la ligne QG, prolongée d'une quantité GP = GO, et du point P aux milieu T et S des côtés AD et BC soient tirées les lignes PT et PS. Soient des mêmes points T et S au point G tirées les lignes TG et GS, et de leur point d'intersection V et X avec les lignes QO et QR, on tirera la ligne VX, on prendra sur les lignes VO et XR des parties VY et XZ, pour flanquer la porte, ensorte que l'extrémité Z et Y de chacune de ces mêmes lignes, ne touche l'intérieur de la Redoute de 6 pieds pour que deux Soldats puissent passer de front : on fera aussy ensorte que chacun des points a et b, qui sont les extrémités des côtés P a et P b de la demie-lune a P b, soit distant de 6 pieds de la ligne DC ; on donnera à la figure Y V X Z l'épaisseur suivant les régles, ainsi qu'à celle a P b, dont la première représentera une traverse flanquée, et l'autre une demie-lune devant la porte de la Redoute qu'on veut construire.

Corollaire

Donc si l'on avoit une Redoute à construire pour 50 Soldats, on prendroit dabord 40 Soldats pour le contour de la Redoute, et en la supposant quarrée il faudroit 10 Soldats pour chacun des côtés dont la dimention seroit de 30 pieds intérieurement, et il resteroit encore 10 Soldats pour défendre la porte.

PROBLÊME Figure 6.ᵉ

Construire une Redoute circulaire.

Solution

Du point A comme centre, où l'on aura mis un piquet auquel on attachera un cordeau, ensorte qu'il puisse tourner autour du piquet, et d'une longueur A B qu'on aura déterminée, qui servira de rayon au cercle F B D E qu'on décrira, dont la trace sera faite avec un autre piquet qu'on aura au point B, et qu'on apuyera sur le terrein en tenant le cordeau bien tendu, après quoi on fera la porte D C de 12 pieds, et puis on décrira du même centre A et d'un rayon A L plus grand que le rayon A B de 7 toises la portion de cercle I K L de 6 toises, et l'on formera une traverse de 3 pieds ou de 3 toises de largeur qui servira à couvrir la porte suivant le cas où l'on voudra qu'elle résiste à la bale du fusil ou au boulet du canon, et l'on fera une traverse semblable F G H en dedans de la Redonte, dont la concavité sera opposée à celle de la première, et qui aura son milieu G dans la même ligne ou rayon A M que le milieu M de la porte D C, de sorte que le milieu K de la première traverse I K L sera dans le prolongement M K du rayon A M, en faisant ensorte que deux soldats puissent passer de front entre le côté intérieur de la Redoute et chacune des extrémités de la traverse F G H, et puis on donnera l'épaisseur à la Redoute qu'on prendra sur le prolongement M K du rayon A M suivant qu'elle devra résister au boulet du canon ou à la bale du fusil, et par ce moyen on aura construit une Redoute circulaire.

Corollaire

Donc si l'on avoit une Redoute circulaire à construire pour cent hommes, on prendroit d'abord 10 hommes pour garder la porte, et il en resteroit 90 dont chacun vaut 3 pieds d'une ligne, et en multipliant 90 par 3 on aura 270 pieds pour la circonférence de la Redoute, et puis suivant le raport d'Archimede, la circonférence d'un cercle est au diametre comme 22 est à 7, on fera cette régle de proportion, 22.7 :: 270 pieds sont au diamétre cherché 85 pieds plus $\frac{14}{22}$ de pied ou $\frac{7}{11}$ de pied, ainsi en négligeant si l'on veut $\frac{1}{2}$ de pied, qui est un peu plus grand qu'un pouce, ce qui seroit assés bon pour la pratique, on aura 86 pieds pour le diamétre d'un cercle à la circonférence du quel on veut élever un parapet pour 90 Soldats, et en prenãt la moitié du diamétre 86 pieds, on aura le rayon 43 pieds représenté dans la figure 6.ᵉ par A B ou A M, et comme il faudra 8 hommes pour placer à la traverse I K L, on les prendra sur les dix hommes qu'on a réservé, il en restera deux qui avec ceux qui seroient placée à la partie D C de la circonférence de la Redoute, si cette même partie ne servoit de Porte, serviront à être placés derriére la traverse F G H ou il n'y aura que six hommece, parce que la porte n'est construite que pour quatre hommes de front.

Remarque

on Remarque que les Redoutes quarrées ainsi que les circulaires ont un grand déffaut dans le feu qu'elles fournissent, dans les quarrées lece angles opposés au sommet ne recoivent aucun

feu, à l'égard des circulaires, leur feu est consi-
déré comme prolongement des rayons des Redoutes circulaires, qui vont se terminer à d'autres
circonférences où l'ennemi peut se placer dans l'at-
taque qu'il en veut faire; donc les portions qui
se trouvent entre les concours des feux considérés
comme rayons prolongés de la Redoute circulaire,
et la même circonférence où l'ennemi peut se placer,
ne reçoivent aucun feu.

Corollaire

Donc si l'on veut avoir des Redoutes quarrées
et circulaires susceptibles d'une bonne défense, il
faudra dans les quarrées, comme dans la figure
5.e prolonger de part et d'autres chacun des côtés
intérieurs au dela de l'épaisseur de la Redoute, comme par exemple, on prolongera le côté
intérieur N M au dela de l'épaisseur M i et N h
d'une quantité i e et h d, chacune égale au
moins à 6 toises dans le cas où il n'y aura
point de fossé à l'entour de la Redoute, car
s'il y en avoit il faudroit donner au côté intérieur de la Redoute de part et d'autre un prolongement de 6 toises au dela du fossé de la
même Redoute, et l'on ménera une parallèle f g
à la ligne d e distante l'une de l'autre de 9
pieds : des points d et e on tirera les lignes d g

et e f parallélement aux côtés A D et B C de la
Redoute jusques à ce qu'ils rencontrent à quelque point g et f la paralléle g f à la ligne d c,
et l'on fera des fossés i e f l et h d g k en forme de tranchée ou double chemin couvert sans
traverse ni tambour, on continuera ce même fossé
i e f l de l en n et de i en m, ensorte que le fossé
i l n m soit plus long que le fossé i e f l d'un tiers
A B côté de la Redoute. On fera une traverse m
n p o derrière laquelle on se placera pour défendre le fossé extérieur i e f l par dessous l'épaisseur
du Parapet, dans le cas où l'ennemi s'en seroit emparé, et
la partie du fossé qui se trouvera sous le Parapet servira
de retraite aux Soldats qui seront forcés de l'abandoñer,
et l'on en fera de même dans les autres prolongemens.

Définition

on nomme Tambour un solide de terre dont
la longueur est égale à la largeur d'un fossé
ou tranchée dont on veut défendre la longueur, et
qui sert en même tems à n'être point enfilé dans
la retraite que l'on fait, ainsi on peut le conside-
rer comme une traverse, mais on le nomme ainsi
lorsqu'il sert à des doubles chemins couverts on
lui donne ordinairement 3 toises d'épaisseur, mais
dans le cas où on le construiroit dans des Redoutes on ne lui donneroit que 3 pieds d'épaisseur.

2ᵉ Cas, Fig. 6ᵉ.

Dans le cas des Redoutes circulaires on prolongera les rayons A N et A O au dela du côté extérieur de la Redoute, chacun d'une quantité d h ou e i égale à 6 toises : on prendra une même longueur en dedans de la Redoute sur chacun des mêmes rayons à compter du côté intérieur, et l'on fera les fossés P Q R S et T V Y X avec les mêmes dimentions que les précédents, et l'on formera les tambours a et b qui serviront à défendre le fossé dont la partie extérieure sera défendue par dessous le parapet : on donnera 5 pieds de profondeur aux fossés, et un pied et demi aux banquettes qu'on fera au fond du fossé de part et d'autre, et on ne donnera que 3 pieds et demi de hauteur aux tambours et traverses qui seront en dedans des Redoutes, pour que la bale du fusil puisse passer par dessous le parapet.

PROBLÊME, Figure 7ᵉ.

Tracer une redoute suivant la figure du terrein un peu élevé environné de différentes montées.

Solution.

on plantera des Piquets à chacun des angles A B C D E que fait la figure du terrein élevé,

et puis on tracera avec un cordeau d'un piquet
à l'autre les lignes droites A B, B C, C D, D E, A E,
et puis ayant choisi un côté D E pour la porte,
on prendra sur la ligne une quantité E F = 2
toises, et puis on prendra de F en G encore 2
toises pour la porte, et puis sur le milieu I du
reste G D on élevera une perpendiculaire Q I de
deux toises prolongée d'une quantité I H égale
à l'épaisseur qu'on veut donner à la Redoute.
Soient tirées les lignes D H et Q E, on aura construit le côté extérieur A B C D H Q F, auquel on
ménera des parallèles intérieurement pour former
le côté intérieur, suivant l'épaisseur qu'on voudra lui donner. Des points G et F on ménera
des parallèles G a et F b à la ligne Q I, qui
rencontreront la ligne Q E aux points a et b, ce
qui donnera la largeur a b de la Porte ; et
puis l'on construira deux traverses M N et P O,
ensorte qu'il y ait une intervale de 6 pieds entre chacune de ces traverses et la Redoute devất
laquelle ces traverses seront placées, et si l'on veut
scavoir le nombre des Soldats qu'il faut pour
garder cette Redoute, on mesurera intérieurement
le contour de la Redoute, et chaque somme de
3 pieds que l'on trouvera, donnera la place qu'un
Soldat doit avoir, il y aura donc autant de

Soldats que de fois 3 pieds : on aura soin de prendre 6 hommes de plus pour garder la porte, ou pour mieux dire pour être placés derrière la traverse M N ; car ceux qui auroient été placés sur la ligne a b seront placés derrière la traverse O P .

PROBLÊME, Figure 8ᵉ.

Construire une Redoute Ovale.
Solution .

Soit une ligne A B sur le milieu C de laquelle on aura élevé une perpendiculaire D C plus petite que C B ou C A, ensorte qu'étant prolongée au dela du point C, elle soit l'une des diagonales d'un Rombe ou Losange A D B E, dont on prolongera chacun des côtés B E et A E D B et D A d'une quantité quelconque B F, ensorte qu'on ait B F = G A = B H = A I ; puis prenant les points E et D pour centres, et la ligne E F ou E G pour rayon on décrira entre les côtés G E et E F de l'angle G E F l'arc G K F, et puis du point D avec la même longueur du cordeau, on décrira entre les côtés D H et D I de l'angle H D I l'arc H L I, puis prenant les points B et A chacun pour centre du point B, et d'un rayon égal a la ligne B F, on décrira l'arc F M H, et du point

A par les points I et G on décrira l'arc G N I, par ce moyen on aura construit un Ovale G K F M H L I N G K où l'on trouvera que les centres F et B et le point de racordement F seront dans la même ligne droite E F. Soit prolongée la ligne D E jusqu'à ce qu'elle rencontre à quelque point K l'arc G K F, l'on prendra de part et d'autre du point K des parties K O et K P chacune de deux toises, et puis du point D à chacun des points O et P on tirera les lignes D O et D P, ensuite divisant chacune de ces lignes en deux parties égales aux points Q et R qui sera la largeur de la porte, et qui sera de deux toises en considérant l'arc O P comme une corde de 4 toises, ce qui n'en différera sensiblement, et les parties O Q et P R des lignes C O et C P serviront à défendre la porte. Soient prolongées les lignes A D et D B chacune d'une quantité D S ou D T, ensorte que les extrémités S et T de chaque prolongement soient éloignées du côté interieur de la redoute d'une toise, les parties D S et D T serviront aussi à défendre la porte, on donnera à la Redoute l'épaisseur suivant l'arme à laquelle elle devra résister.

Remarque

Il y a encore une méthode plus courte et plus facile pour tracer un ovale, qui est de planter un piquet à chacun des points A et B, et de prendre un cordeau dont la longueur soit plus grande que le double de la distance AB des deux piquets que l'on fera passer à l'entour des deux mêmes piquets A et B, en tenant les extrémités du cordeau dans la main, jointes à un piquet par exemple K, on tournera tout au tour tenant le cordeau bien tendu, jusques à ce qu'étant parti du point K on revienne tomber au point K, en observant que la pointe du piquet K doit tracer l'ovale sur le terrein.

Corollaire.

Donc si l'on vouloit construire une Redoute ovale, et qu'on voulut aussi sçavoir le nombre de soldats qu'il faudroit pour la garder, on opérera ainsi : il faudra supposer un angle obtus G E F qui sera par conséquent opposé à l'un des plus grands arcs de l'ovale, par exemple on le supposera ici de 108 dégrés, on supposera encore que chaque dégré est la place destinée à chaque soldat, qui est ordinairement de 3 pieds ; ainsi l'on aura pour hipothèse $108° = 108$ soldats $= 324$ pieds nombre triple de 108 soldats pour la longueur de l'arc en pieds qu'on supposera ici représenté par l'arc G K F, ensuite pour trouver le rayon F E du cercle dont l'arc

G K F de 108 degrés fait partie, on fait cette ré-gle de proportion, $22 : 7 :: 360 : \frac{360 \times 7}{22} = 114 + \frac{12}{22} = 114 + \frac{6}{11}$ qui est le diamétre du cercle 360 Soldats, dont la moitié $57 + \frac{6}{22}$ ou $57 + \frac{3}{11}$ fait le rayon cherché F E : mais comme ce rayon est représenté par des Soldats, et qu'on veut l'avoir en pieds ou parties de toise, on multipliera ce rayon $57 + \frac{3}{11} =$ F E par 3, et l'on aura 171 $\frac{9}{11}$ de pied pour rayon d'un des grands arcs G K F. Puis en supposant que la moitié B F ou B E est le rayon de l'un des petits arcs F M H qui forme l'ovale, et qui sera à quelque chose près de 85 pieds $7^{\text{P.}} 6^{\text{li}}$, pour avoir la valeur de l'angle F B H on soustraira l'angle F E G = l'angle F B D de 180 dé-grés, et l'on aura son suplément F B H = 72 degrés $= 180° - 108°.$ Pour avoir la circonférence dont l'arc F M H fait partie qui a pour diamétre la ligne F E $57 + \frac{3}{11}$, dont chaque unité représente la place d'un Soldat, on fera cette régle de propor-tion, $7 : 22 :: 57 + \frac{3}{11}$, ou bien pour avoir tout à coup le quatriéme terme en pieds, on dira $7 : 22 :: 171 + \frac{9}{11} : 540$ pieds pour la circonférence du cercle dont le petit arc F M H fait partie qui est de 72 degrés, et qui est égal à la cinquiéme partie du cercle ; car 360 divisés par $72 = 5,$ ainsi en prenant la cinquiéme partie de 540 pieds, on aura 108 pieds ; car 540 divisés par 5 = 108 : or en prenant le tiers de 108 pieds pour le nombre de Soldats qu'on pourra placer sur cet arc F M H, on trouvera qu'on y pourra placer 36 Soldats, et 108 dans l'arc G K F, lesquels deux arcs ensemble G K F + F M H font la moitié de l'ovale sur lequel on pourra placer 144 Soldats, et en doublant cette dernière somme on aura 288 Soldats à placer dans l'ovale, c'est-à-dire sur la ligne qui forme l'ovale, à quoi on ajoutera les Soldats qu'il faut pour garder la porte.

PROBLÊME, Figure 9ᵉ.

Construire une Redoute avec une défense intérieure et extérieure.

Solution.

Soit un quarré A B C D, dont on aura tiré les diagonales A C et B D : soit du point d'intersection E des diagonales au milieu K, L, M et N des côtés du quarré A B C D tirées les lignes E L, E K, E M et E N, et de chacun des point K M N et L comme centre, et d'un rayon égal à la ligne A K, on décrira les demis cercles A O B, B Q C, C R D et D P A. Soient prolongées les diagonales D B et A C du quarré A B C D, ensorte que chacun des prolongemens B S, V D, A T et C X soit égal à la ligne B K, et de chacun des points S T V X au milieu K M N et L des côtes du quarré A B C D on tirera les lignes S K, T K, T M, M V, V N, N X, K L et S L, qui couperont les demis circonférences A O B, A R D, D R C et C Q B, aux points Y Z & a b d c f. Soit divisée la ligne E K en deux parties égales au point F, et l'on prendra sur les lignes E L, E N, E M des parties E H E G E I chacune égale à la ligne E F, et l'on construira le petit quarré H E I G, et après avoir divisé le côté I F en trois parties égales, sçavoir I g, g h et h F des points g et h, on menera les lignes g i et h k parallèlement à la ligne A E, et jusques à ce qu'elles rencontrent les Arcs A Z et A & à quelques points i, k, et à quelques autres points o et p les côtés B A et A D du quarré A B C D, ensuite du point Z au point g on tirera la ligne Z g, qui rencontrera en quelque point l la ligne A K, et puis du point l au point h on tirera la ligne l h. Soit du point h menée une ligne h m parallèle à la ligne F K qui rencontrera en quelque point m la ligne K Z, et en quelqu'autre point n la ligne l K, et l'on aura construit par ce moyen la moitié K n m Z k o l h d'un front de la Redoute. On fera les autres parties de même en observant de laisser des portes tout au tour du quarré IF H G, comme l'on voit sur la figure, et l'on aura construit une Redoute avec une défense intérieure et extérieure.

PROBLÊME, Figure 10ᵉ.
1ᵉʳ Cas.

Construire une Redoute au pied d'une Montagne, ensorte qu'on ne puisse y être touché des coups de fusil tirés du sommet, ou de quelqu'autre partie de la Montagne à 150 toises de l'une des faces de la Redoute la plus près de la susdite Montagne.

Solution.

Soit A C E la partie d'une Montagne où l'ennemi puisse se placer. Soit A B ou C G la hauteur de la montagne. Soit A D F C le plan incliné de la même Montagne, et le plan C A B G le plan vertical; après avoir pris l'angle A D B qui fait l'inclinaison A D de la Montagne avec la ligne horisontale D B, on cherchera par les opérations de trigonométrie la distance A D, pour sçavoir à quel des points de la Montagne est la portée du fusil qu'on supposera ici de 150 toises : ainsi après avoir fait les lignes A D et C F chacune de 150 toises, on suposera les lignes F D et A C chacune de 42 toises.

Soit sur le milieu H de la ligne F D élevée une perpendiculaire H I, qui rencontrera en quelque point I le côté C F du plan incliné C F D A, et cette perpendiculaire H I sera la hauteur du plan K L M N le plus élevé de la face de la Redoute du côté de la Montagne qui sera suposé avoir une largeur K L ou N M de 6 Toises, ainsi que tous les autres plans élevés sur la ligne F D dont chacun aura 6 toises de largeur, et dont la hauteur de chacun décroîtra d'une toise par raport à celui qui sera le plus proche du plan K L N M qui sera plus élevé d'une toise que chacun des plans qui le toucheront : on construira la Banquete O P avec des troncs d'arbres qu'on engagera dans le mur de la Redoute de 4 pieds et demi : auparavant d'élever le Parapet K O P L ; on fera de même pour les autres plans, comme on le voit tracé sur la figure pour scavoir les dimentions qu'on doit donner aux autres côtés de la Redoute.

Du point A au point Q on tirera une ligne A Q, prolongeé jusques à ce qu'elle rencontre en quelque point R la ligne D F, et comme on pourroit être touché du point A au point R, il faudra faire le côté D V égal à la ligne D S moindre que la ligne D R, et l'on construira le plan D V T a, dans lequel on ne peut être touché d'un coup de fusil d'aucun des points de la ligne C A. Soit pris sur la ligne C A une quantité A Y = D a = 6 toises, et du point Y par l'extrémité Z de la hauteur Z a de l'un des pénultièmes plans, on tirera la ligne Y Z prolongée jusques à ce qu'elle rencontre en quelque point & la ligne D F, et comme l'on pourroit être touché au point & du point Y, on fera la ligne a b égale à la ligne D H, et l'on sera sûr de n'être point touché du point Y dans le parallélograme rectangle a b d e : on finira de construire la figure comme on le voit ci-dessus, et l'on construira aussi une rampe O P f g, par ce moyen on aura construit une Redoute susceptible de défense au pied d'une Montagne.

Remarque, 2ᵉ Cas.

On remarquera que cette même Redoute peut aussi être placée dans le plan incliné d'une Montagne.

Corollaire, 3ᵉ Cas.

Donc si l'on opposoit deux Redoutes de cette espéce suivant le côté d b, elles pourroient servir ensemble à la défense d'un vallon, en supposant que les Montagnes qui le forment fussent semblables et d'égale hauteur ; on auroit alors un plan D V T o m k l n p u x F D double du premier D

V F b d u x T D. Pour le plan d'une Redoute,
construite dans un Vallon, on elevera sur la ligne l k
un plan semblable et egal à celui qui a été elevé sur la ligne D F pour servir de Rempart à la même Redoute, et
dans ce cas la aulieu d'un Parapet construit sur les
lignes d b, x u, T N, n p, o m de 4 pieds et demi de
hauteur, on elevera des murailles dont les hauteurs
sont representées par les figures 11 et 12.

PROBLÊME, Figures 11. et 12.

Construire le Profil d'une Redoute dans un
Vallon.

Solution.

Soit une ligne H T egale à la largeur D k
de la Redoute. Soit au milieu R de la même
ligne H T elevée une perpendiculaire ainsi qu'à
ses extremités T et H.

Fig. 12 On fera aussi une ligne T Y egale
à la partie D V de la largeur D k de la Redoute, aux extremités T et Y de laquelle on e-
levera aussi des perpendiculaires.

Fig. 10 Soit du milieu a a de la ligne A C,
par le milieu H de la ligne D F, tirée la ligne
a a H prolongée indefiniment, soit prolongée la
ligne D F de maniere qu'on ait H t = la ligne
H j, et l'on fera ensuite H r = H h. Soit à

l'extrémité t de la ligne H t, elevée une perpendiculaire t & egale à la ligne H I, sur laquelle
on prendra une quantité t 2 = la hauteur F 8 de
l'un des plans extrêmes elevés sur la ligne F
D, et du point a a au point 2, on tirera la ligne
a a, 2 ; soit faite la ligne e y = la ligne e u : soit
elevée la perpendiculaire y 3 qui rencontrera en
quelque point 3 la ligne a a, 2 ; or on fera les
perpendiculaires à l'extrémité de la ligne T Y,
l'une T 2 = la ligne t 2 ou F 8 qui seront les
hauteurs des Profils des murs, sçavoir Y 3 sera
la hauteur du mur elevé sur la ligne x u, T V,
np ou o m, et t 2 sera la hauteur du Profil du
mur de l'un des plans extrêmes elevé sur la
ligne F e ou a D. Soit prolongée la ligne r t,
d'une quantité q t = 2 ou trois toises, et au
point t on elevera la perpendiculaire q Z = H I,
et du point a a au point Z, on tirera la ligne
a a Z qui rencontrera en quelque point s la
perpendiculaire r s qu'on aura elevé au point
r de la ligne D F, et la ligne r s sera la hauteur du Profil du mur elevé sur le milieu R
de la ligne H T qui représente le Profil du
mur construit sur la ligne b d, dont la hauteur
empêchera qu'on ne soit touché à aucun des
points du plan elevé sur la ligne a e de la

Montagne qui sera la plus éloignée de ce même Plan, et qui formera le vallon du côté de la Redoute opposé à ce même Plan. Soient les lignes T 5 ou H 6 chacune de 3 toises : Soient tirées les lignes & 5 et 1 6 qui représenteront le Talut des Plans qui feront face aux Montagnes : Soit aussi la ligne T 9 = 3 toises : Soit tirée la ligne 2 9 pour le Talut d'un des Plans extrèmes élevé sur la ligne F e ou a D, et par ce moyen on aura construit le Plan d'un Profil de Redoute dans un vallon.

PROBLEME, Figure 13.

construire une Redoute sur le sommet d'une Montagne.

Solution

Soient les lignes AB et CD perpendiculaires l'une à l'autre au point E, sur la ligne ED on prendra une partie EF pour le rayon d'un cercle EGHE, et puis avec le diamètre EG du susdit cercle, et du point E comme centre on décrira le quart de cercle EGLI qui surpassera le rayon FE d'une quantité égale à ce même rayon : on prolongera ensuite le rayon IE, pris sur la ligne AB, d'une quantité EK égale au rayon EF, et ensuite prenant le point K pour

centre et la ligne K I pour rayon, on décrira
l'arc I N M qui rencontrera en quelque point M
la ligne C D ; du point M au point K on tirera la ligne M K prolongée indéfiniment, puis
ayant pris sur son prolongement une partie
K n égale à la ligne F E, du point n comme
centre et d'un rayon = n M on décrira l'arc M O
P qui rencontrera en quelque point P la ligne
A B, et du point P par le point n on tirera la
ligne P n prolongée indéfiniment de part et d'autre, on prendra sur son prolongement au delà
du point n une partie n Q égale au rayon F E,
et du point Q comme centre et d'un rayon é-
gal à la ligne Q P on décrira l'arc P S T qui
rencontrera la ligne C D en quelque point T, et
du point T vers le point C on prendra une quantité
T V égale au rayon F E. Du point V, comme
centre et d'un rayon égal à la ligne T V, on
décrira le cercle T X Y T. Du point V par le
point n on tirera la ligne V n prolongée jusques à ce qu'elle rencontre la volute en quelque
point O : soit tirée la ligne F K, et soit prolongée la ligne V O d'une quantité O Z égale à
la même ligne F K, alors prenant la ligne V
Z pour rayon, et le point n pour centre on décrira le cercle & a b & . Soit prolongée la

ligne V Z de part et d'autre jusques à ce qu'elle rencontre la circonférence du même cercle aux points a et c. Soit construit le triangle équilatéral a & b de sorte que l'un de ses angles soit au point a, et qu'il soit inscrit dans le même cercle a & b. Soit du point E tirée une ligne E d qui touche en quelque point X la circonférence T X Y T du cercle décrit, du point V comme centre et d'un rayon = la ligne T V soit aussi tirée la ligne b d, sur la quelle on construira un Parallélograme rectangle b ç f d, ensorte que l'un des plus grands côtés d b soit double de l'un des plus petits d f ou b e, et de l'angle & du Triangle équilatéral a b & par l'angle f du Parallélograme rectangle a b e f on tirera une ligne & f prolongée jusques à ce qu'elle rencontre à quelque point g la circonférence du cercle a b c & a décrit du point n comme centre ; du point g au point d on tirera la ligne g d ; soient aussi tirées les lignes b c et c & pour avoir un pentagone irrégulier d b c & g d. Soit du centre V du cercle T X Y T au point b tirée la ligne V b, sur laquelle on formera un Triangle équilatéral V b h. Soit prolongé le côté b h du même triangle équilatéral jusqu'à ce qu'il rencontre en quelque point

i le côté c & du Pentagone irrégulier. Soit, sur
le côté b c du même Pentagone, construit un Parallélograme rectangle c b k l, ensorte que l'un
des plus grands côtés b c, soit double de l'un
des plus petits c l ou b k, et après avoir pris
sur le côté b k une partie b m égale à la
partie c i du côté c & du Pentagone irrégulier,
on tirera la ligne m c, et du point n on abaissera une perpendiculaire n o à la ligne b i,
prolongée jusqu'à ce qu'elle rencontre en quelque point a à la ligne m c, et en quelqu'autre
point u la ligne k l, et du milieu p de la ligne k l on menera une Parallele p q à la ligne
v b qui rencontrera en quelque point q, la ligne
b i; la partie q r de la ligne p q comprise entre le point q et la ligne m c, sera un flanc
du point s, ou la ligne m c rencontre la ligne
v b; on menera une ligne s t parallélement à
la ligne b q, et le point t où cette ligne s t
rencontrera la ligne n b, sera l'extrémité d'un
flanc s t d'une lunette flanquée r q b s t.
Soit sur chacun des autres côtés c &, & g
et g d du Pentagone irrégulier construit des
Parallélogrames rectangles c & y x z & g 2
et d 3 4 g, ensorte que le plus grand côté
de chacun qui sera le côté du Pentagone

irrégulier sur lequel il sera construit soit double de chacun des petits côtés, tel que c &
qui sera double de c x : soit tirée la ligne
c z, et du point 5 où le côté z 2 du Parallelograme rectangle z & g 2 rencontrera le côté
b & du triangle équilatéral a b &, on élève-
ra une perpendiculaire 5 6 sur le côté b &
du même triangle équilatéral qui rencontrera
en quelque point 6 la ligne c z, et l'on aura
construit une autre lunette 5 6 c a a. Soit prolongée la ligne c z indéfiniment, et du point E
on abaissera une perpendiculaire sur le prolongement de la ligne e z, ensorte qu'elle le rencontre en quelque point 7, et en quelqu'autre point 8
le côté b & du Triangle équilatéral, on prendra
une partie 8 9 de la ligne E 8 égale à la ligne 8 6 : soit faite la ligne & 10 prise sur le
côté a & du Triangle equilatéral a b & égale
à la ligne & 8, soit du point 10 menée une
parallèle à la ligne 8 &, ensorte qu'elle rencontre
en quelque point 11 la ligne 9 8, tirée de l'un g
des angles du Poligone au point 8 de la ligne
b &, et par ce moyen on aura construit une autre lunette flanquée 11 10 & 8 9. Soit du Sommet
b du Triangle équilatéral & b a abaissée une
perpendiculaire b 12 sur le côté a & du même

Triangle équilatéral, prolongée jusqu'à ce qu'elle rencontre en quelque point 14 la ligne g 8, et en quelque point 15 le côté g & du Pentagone irrégulier : soit du point d au point 15 tirée la ligne d 15, soit aussi tirée la diagonale g 3 du Parallélograme d g 4 3, soit du point K par le point n tirée la ligne K n, prolongée jusques à ce qu'elle rencontre en quelque point 16 la ligne d 15, et en quelque point 17 la diagonale g 3 du Parallélograme rectangle 4 g d 3, et l'on prendra une partie 17 18 de la ligne K 17 égale à la ligne 17,14, et l'on aura construit la lunette 18,17, g,14,12 : on prendra aussi sur la ligne d 15 une partie d 19, égale à la partie 21,20 du côté 4,3 du Parallélograme 4 g d 3, comprise entre la ligne 21 23, tirée perpendiculairment sur le milieu 23 du côté d g du même Parallélograme 4 g d 3, et la ligne E d ; ensuite du point 19 au point 21 on tirera la ligne 19 21, qui rencontrera en quelque point 22 la diagonale g 3 du Parallélograme 4 g d 3, et par ce moyen on aura construit une autre lunette flanquée 20, d ,19, 22, et par conséquent avec une défense intérieure et extérieure.

Remarque

Si l'on vouloit considérer les lunettes

flanquées comme des bastions, on tireroit les lignes 22,16, 12 11, 5,7, 0,r qui seroient les courtines, et la figure représenteroit alors une fortification irrégulière.

Remarque

Dans le cas où l'on ne construira pas les courtines, on formera des demi — lunes dans les lunettes flanquées, ainsi qu'on le voit dans la figure : on tirera la ligne d d, e e parallèle à la ligne g 8, distante de 4 ou 6 toises, même plus si on le juge nécessaire, de la même ligne g 8, et du côté de la volute ; ensuite du point Q au point & on tirera la ligne Q &, qui rencontrera au point e e la parallèle d d, e e, et la volute à quelque point P, et l'on formera la demi — lune d d, e e, P, en laissant au point P un passage de 2 toises, ainsi qu'il est représenté par la figure : on prolongera les lignes 5 7, o r, et 22 16, et l'on menera des parallèles à chacun de leurs prolongemens intérieurement, c'est-à-dire du côté de la volute, et à la distance de 4 ou 6 toises ; et du point 31 où la parallèle 31 30 au prolongement 5, 26 de la ligne 5,7, rencontrera la ligne f e, on menera une ligne 31,32 parallèle à la ligne aa er, et l'on aura construit une lunette 30 31 32

Soit du point M menée une ligne M 28 parallèle à la ligne x O, qui rencontrera en quelque point 28 la parallèle 28 29 au prolongement r 25 de la ligne o r, et l'on aura construit une autre demie lune M 28 29.

Soit du point 14 menée une parallèle 14 33 à la ligne 4 3, qui rencontrera en quelque point 33 la ligne z 2, et la partie 33 2 de cette même ligne z 2, prolongée jusques à ce qu'elle rencontre en quelque point b b la parallèle bb cc au prolongement 22 27 de la ligne 22 16, sera le côté d'une autre demie lune 33 bb 27 : on construira la porte comme on le voit sur la figure, c'est-à-dire qu'on laissera une ouverture au point d'intersection 25 des lignes v b, et d E, qui ait 2 toises de largeur, ensuite du point F par le point Q on tirera une ligne F Q prolongée jusques à ce qu'elle rencontre en quelque point 34 la ligne h V, et en quelqu'autre point 36 la ligne V n, et l'on aura une demie lune 36 34 37 : on laissera aussi deux ouvertures aux points Y et G, qui sont les extrémités d'une ligne G Y tirée d'une circonférence à l'autre des cercles E H G et T X Y, et qui est en même tems partie de la ligne F V tirée d'un centre à l'autre des deux mêmes cercles, en observant de laisser des ouvertures l'une d'un côté et l'autre de l'autre de la ligne F V, on laissera aussi une porte de 2 toises dans la traverse G Y, et l'on aura construit une Redoute avec une défense intérieure et extérieure.

PROBLÊME, Figure 14.ᵉ

Construire une Redoute pour couvrir la Tête d'un Pont.

Solution.

Soit un Parallélograme rectangle E F G H, ensorte que le plus grand côté E F soit double de l'un des plus petits côtés G F. Soit une ligne I K perpendiculaire sur le milieu I de l'un des plus grands côtés G H du même parallélograme, qui rencontrera en quelque point N la diagonale E G du susdit Parallélograme, et au point K le côté E F du même parallélograme. Soit sur la ligne I G pris une quantité I O, égale à la ligne I N, et du point K par le point O on menera une ligne K O, qui rencontrera en quelque point P la diagonale E G; ensuite on prendra de part et d'autre du point I sur la ligne G H des parties I L et I M, chacune égale à la ligne P O, et aux points L et M on élevera des perpendiculaires M A et L B, chacune egale à la même ligne P O, et on tirera la li-gne A B pour avoir le Parallélograme rectangle A B L M. Sur la ligne H E on prendra une par-tie E R égale à la ligne L 3o, comprise entre le point de concours 3o de la ligne L B avec la ligne K O, et l'on tirera la ligne R N: on fera aussi la ligne F Q égale à la ligne E R, et l'on tirera la ligne N Q de chacun des points F et E comme centre, et d'un rayon égal à la ligne F A on décrira les arcs A T et B S, qui ren-contreront en quelques points T et S les lignes N R et N Q; après avoir divisé la ligne A B en cinq parties égales A Y, Y C, C D, D Z, Z B, on prendra sur les lignes A M et B L des par-ties A a et B b, chacune égale a la ligne A C ou B D. Soient prolongées les lignes B b et A a jusqu'à ce que chacune des lignes B d et A e soit egale à la ligne A N ou B N. Soient du milieu c de la ligne A B tirées les lignes c d et c e, et après avoir pris sur la ligne c I une partie c f égale à la ligne c N, par le point f on menera une ligne g h parallèle et égale à la ligne A B, c'est-à-dire que g f sera egal à la ligne A c, et f h à la ligne c B, laquelle ligne g h rencontrera aux points j et k les lignes c e et c d. Soit prolongée la ligne K

I d'une quantité I l = la ligne I c . Soit du point
l par les points e et d menées les lignes l e
et l d, prolongées jusques à ce qu'elles rencontrêt
en quelques points n et m les lignes E H et F G,
sçavoir l'une l m rencontrera la ligne F G, et l'autre la ligne E H. Soient des points q et p, où les
prolongemens faits de part et d'autre à la ligne
A B rencontreront les lignes H E et G F, menées
des parallèles o q et o p à chacune des lignes
l n et l m, qui rencontreront au point o le prolongement l o de la ligne I : l'on prendra sur les
lignes A a et B b des parties a r et b s, chacune égale au tiers de la ligne A a ou B b, et
de chacun des points r et s on tirera les lignes
r q et s p, sur chacune desquelles on prendra
des parties q t et p x, chacune égale à la partie A Y de la ligne A B : du point t par le point
H on menera une ligne t H, et du même point
t au point de concours y de la ligne a q avec
la ligne l n, on tirera la ligne t y prolongée
jusqu'à ce qu'elle devienne égale à la ligne
t q. Soit fait le prolongement H u de la ligne
t H égal à la ligne H M et, l'on prolongera la
ligne q H jusqu'à ce que la ligne q z soit
égale à la ligne q a : du point z par le point
I on tirera la ligne I z prolongée jusqu'à ce

qu'elle rencontre en quelque point 2 la ligne
H u, et après avoir fait le prolongement G 3
de la ligne x G égal au prolongement H u
de la ligne t H, on prendra sur la ligne
G 3 une partie 3 4 égale à la ligne u 2,
et du point 2 au point 3, ainsi que du point
4 au point u, on tirera les lignes 2 3 et u 4.
Du point L comme centre, et d'un rayon égal
à la ligne L N, on décrira un arc de cercle
N 5 6, ensorte qu'il rencontre la ligne L M en
quelque point 6. Du point c par le point 6
on tirera une ligne c b, prolongée jusqu'à
a ce qu'elle rencontre en quelque point 8
la ligne 2 3, et en quelque point 7 la ligne
n 4. Soit parallelement à la ligne q z menée
une ligne t 9, ensorte qu'elle rencontre en quelque point 10 la ligne 2 3, et en quelque point
9 la ligne u 4, par ce moyen on aura construit
une lunette flanquée 8 7 9 10. Soit prolongée la
ligne H z jusques à ce qu'elle rencontre la ligne
u 9 en quelque point a a, et l'on aura une autre lunette flanquée a a, u, 2, z, on construira
de même l'autre côté, on prendra des parties l
u et l 14 des lignes l n et l m chacune égale
à la ligne l o, et l'on aura construit une
demie lune u l 14. Soit sur la ligne E z pris

une quantité z 15 égale a la ligne z er, et du
point 15 au point c on tirera la ligne 15 c, qui
rencontrera en quelque point 16 la ligne q o,
et en quelque point cc la ligne t 10, et l'on aura
construit une traverse cc 16 avec un épaulem.ᵗ dd
17, dont la longueur est égale à la partie dd
17 de la ligne t 10, comprise entre la parallèle
a dd a la ligne r q, et la parallèle 6 17 à la ligne
1 z . Soit, par l'extremité 2 de la ligne t 2 egale à la ligne t q, menée une parallèle 2 bb à
la ligne n l, ensorte qu'elle rencontre en quelque
point bb la ligne N H, et que de l'extremité A
de la ligne A B on tire la ligne A 18 suivant
le prolongement de la ligne A a, ensorte qu'elle
rencontre en quelque point 19 la ligne N E, on
aura construit une lunette flanquée 19 E q t 2
b b, et la partie R ce de la ligne R T sera un
passage de 2 Toises, ainsi que la partie ff Q
de la ligne S Q ; la figure ce T A B S ff sera
le front de la Redoute . Soient des points T
S menées des parallèles T V et X S aux lignes E N et F N, ensorte qu'elles rencontrent
les lignes F H et E G, l'une au point V, et
l'autre au point X ; la figure V N X sera une
demie lune . Soit du point g au point h tirée
une ligne g h qui coupera les lignes c d et

ce aux points j et k, et la partie j k de
cette ligne g h sera une traverse. Soit du
point r au point s mencé une ligne r s qui
coupera les lignes c c et c d aux points 20
et 21 : soit des points a et b menées les lignes a 23 et b 22, l'une parallèle à la ligne
r q, et l'autre à la ligne s p qui couperont
les lignes l n et l m, l'une au point 24 et
l'autre au point 25; alors chacune des figures
20 c 24 et 21 d 25 sera une demie lune.
Pour construire la demie lune 27 26 28, on
prolongera la ligne N K d'une quantité K 26
égale à la partie A D de la ligne A B, et des
points 29 et 30 où les parallèles s 29 et 19
30 aux lignes N E et N F rencontreront la ligne E F, on tirera les lignes 29 26 et 30 26
qui seront les côtés de la demie lune; et dans
le cas où l'on voudra placer des batteries de
canon de part et d'autre de la Redoute, come
on le voit suivant la figure 31 et 32, les cotés
de la même demie lune seront plus petits, come
on le voit dans la figure 27 26 28, on pourra aussi poster des batteries aux points 33
et 34, et par ce moyen on aura construit une
Redoute Q S B A T R q t g 7 8 ff gg x p Q avec les
ouvrages cy-dessus nommés pour la défense

intérieure et extérieure, et l'on supposera que la ligne A B est égale à 30 Toises.

PROBLÊME, Figure 15.

Construire une Redoute pour placer au bord d'une Rivière, avec une défense intérieure et extérieure.

Solution.

Soit un quarré A B C D, auquel on aura inscrit un cercle E F G E d'un point d'intersection H des diagonales A C et D B comme centre, et d'un rayon H E égal la moitié A E de l'un des côtés A B du susdit quarré, et après avoir pris les trois quarts D I de l'une des diagonales D B pour rayon d'un cercle K M L K décrit du point H comme centre, soit l'une des diagonales A C prolongée de part et d'autre jusques à ce que chaque prolongemēt A N et C O soit égal à l'un des côtés A B du susdit quarré A B C D. Soit sur la ligne K I. pris des parties K P et L V, chacune égale à la moitié E B du côté du quarré A B C D, et au point P on élevera une perpendiculaire P R à la même ligne K P, et l'on fera son prolongement P S égal a une Toise, ensorte que S R soit une ligne de deux Toises, et

l'on suposera que le côté A B du quarre sera
au moins de 30 Toises par les extrémités R et
S de la ligne R S : on mènera les lignes R Q
et S T parallèlement à la ligne P K, et jusques à
ce que chacune rencontre aux points Q et T la
circonférence du cercle K L M K . Soient des extrémités G
et u du diamètre du cercle E, F, G, E tirées les
lignes G N et u N : on tirera aussi les lignes G
O et u O, qui rencontreront aux points X et Y
Z et & la circonférence du cercle K L M K, et
les figures X Y N et Z & O formeront un glacis, la figure R S T Q sera un chemin couvert.
Soit du point L aux extrémités u et G du
diamètre G V tiré les lignes L u et L G . Soit
la ligne H C divisée en deux parties égales au
point d, duquel point l'on tirera aux points z
et & les lignes d z et d &, dont l'une d z
rencontrera au point c la ligne u L, et l'autre
d & rencontrera au point f la ligne G L . Soit
au point V élevée une perpendiculaire h q à
la ligne H C, ensorte qu'elle rencontre les lignes H e et H f tirées du point H aux points
e et f en quelques points h et g, et l'on aura
construit un chemin couvert h e L f q en forme
de lunette flanquée . Soit de part et d'autre prolongée la diagonale D B d'une quantité B y et

D K, chacune égale à la partie B n de la même diagonale : des points A et C aux points j et k on tirera les lignes A j et C j, A k et C k ; des mêmes points A et C, on tirera à l'extrémité M du rayon H M du cercle K L M K les lignes A M et C M qui rencontreront aux points n et o la circonférence du cercle A B C D A décrite d'un rayon égal à la moitié A H de la diagonale A C du quarré A B C D, et du point I aux points n et o on tirera les lignes I n et I o qui rencontreront aux points p et q les lignes A j et C j. Soient tirées les lignes X Z et Y &, la ligne X Z rencontrera les lignes A j et C j, aux points r et 3 et la circonférence du cercle G E F G aux points s et t, et la ligne Y & rencontrera les lignes A K et C K aux points y et 2, et aux points x et z la circonférence du même cercle G E F G, ensorte qu'on aura construit la Redoute M n p r s z z k y x t 3 q o M. Soient faites les portes a et b, aux points de concours a et b des prolongemens r a et s b des lignes Q R et T S, avec la portion s z de la circonférence du cercle E F G ou avec la corde s z du même arc.

Dans le cas où l'on voudroit entièrement défendre les flancs z z et r s, il sera mieux

de construire le parapet suivant la corde s z
que suivant son arc.

Pour construire la Defense intérieure.

Du point G comme centre, et d'un rayon é-
gal à la ligne G D, on décrira le cercle D 8 9;
on ménera les lignes 10 11 et 12 11 parallèles aux
lignes A k et C k chacune à chacune, ensorte
que chacune des lignes 10 11 et 12 11 Touche le
cercle D 8 9, ensuite du milieu E au milieu F
de chacun des côtés A B et C B du quarré A
B C D, on tirera la ligne E F sur laquelle on
construira le quarré E F 7 6 duquel on tirera
les diagonales E 7 et F 6, et puis du point
11 on menera une ligne 11 5 parallèle à la ligne
c j, ensorte qu'elle rencontre au point 5 la di-
gonale A C du quarré A B C D, sur laquelle
ligne 11 5 on construira le Rombe 11 5 G 4, et
du point 8 où le côté G 4 du Rombe rencontrera le côté 6 7 du quarré E F 7 6, on ménera une ligne 8 21 parallèle et égale au côté G
5 du même Rombe, et l'on fera la partie 22 5
du côté G 5 du Rombe 11 5 G 4, égale à la
partie 11 25 de l'autre côté 11 5 du même Rombe, et l'on aura construit une demie lune 21,5,22.
Du point 8 au point 9, où le côté G 5 du Rombe concourt avec le côté 6 7 du quarré E F 7 6,

on construira la traverse 8 9. Du point d'intersection 14 de la ligne i o avec la ligne C B au
point d'intersection 15 de la ligne X Z avec la
diagonale F 6 du quarré E F 7 6, on mènera
une ligne 14 15, prolongée jusques à ce qu'elle
rencontre à quelque point 18 le coté 6 7 du même quarré E F 7 6, et en quelque point 16 la
ligne 12 n du point de concours 19 du côté E 6
du quarré E F 7 6 avec le coté 4 u du Rombe
u 5 G 4 : on tirera la ligne 19 18 qui rencontrera au point 20 le côté G 5 du losange u 5 G
4, et l'on aura une lunette flanquée 20 18 16 17 :
on construira aussi la traverse G D. Soit prolongé le côté A B du quarré A B C D jusques
à ce qu'il rencontre en quelque point 23 la ligne C j, et du point 23 au point de concours
24 de la ligne i o avec la circonférence du cercle E F G, on tirera la ligne 23 24 qui sera
aussi une traverse ; du point 20 on menera une
ligne 20 25 parallèle à la ligne 24 23, et l'on
fera la ligne i 26 prise sur la ligne i o égale
à la partie 25 24 de la même ligne, comprise
entre le point de concours 25 de la parallèle
20 25 à la ligne 24 23, et le point 24 de la
même ligne i o, et l'on aura une petite traver
26 25 : on construira aussi la traverse u j et

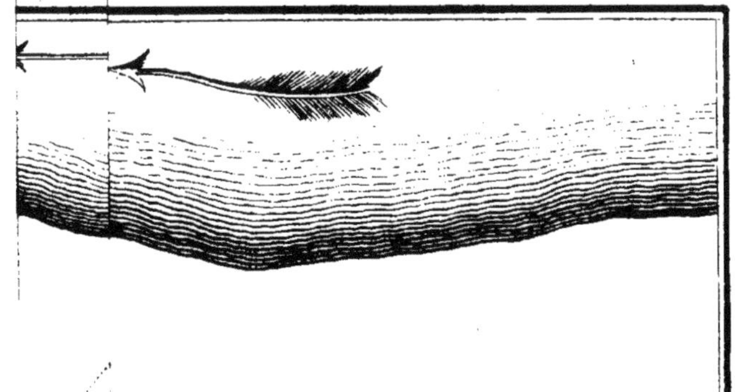

Fig. 15.

si l'on construit des parties semblables et égales de l'autre côté de la ligne M k on aura construit la défense intérieure de la Redoute proposée. on construira aussi le glacis aa g ee dd cc Y aa avec une petite traverse Y bb qui servira d'épaulement à ceux qui seront placés aux palissades Y aa, on construira aussi de l'autre côté le glacis 27 hh ii & f L & avec un petit épaulement ll & pour ceux qui seront aux palissades L & ainsi qu'on le voit sur la figure.

FIN,
Du Traité des Redoutes.

APPROBATION.

J'aï lu, par ordre de Monseigneur le Chancelier un Manuscrit intitulé ; Nouveau Traité des Redoutes, et je n'y ai rien trouvé, qui m'ait paru devoir en empecher l'impression. à Paris ce 27 Mars, 1761.

Picquet

LOUIS, par la grace de Dieu Roi de France et de Navarre, A nos amés et féaux Conseillers les gens tenans nos Cours de Parlement Maîtres des Requêtes ordinaires de nôtre Hôtel, Grand Conseil, Prévôt de Paris, Baillifs Sénéchaux leurce lieutenans Civils, et autres nos Justiciers qu'il appartiendra Nôtre bien amé le Sr. Touzac Lieutenant reformé du Régiment de Poitou, notre Ingénieur Géographe, nous a fait exposer qu'il désireroit faire imprimer et donner au Public un ouvrage de sa composition qui a pour titre Nouveau Traité des Redoutes, s'il nous plaisoit lui accorder nos lettres de Privilège pour ce nécessaires: à ces Causes voulant favorablement traiter l'exposant, Nous lui avons permis et permettons par ces presentes de faire imprimer son Ouvrage autant de fois que bon lui semblera et de le faire vendre et debiter par tout notre Royaume pendant le tems de dix années consecutives à compter du jour de la datte des Presentes, faisons defenses à tous Imprimeurs Libraires et autres Personnes de quelque qualité et condition qu'elles soient d'en introduire d'impression etrangere dans aucun lieu de notre obeissance comme aussi d'imprimer ou faire imprimer vendre faire vendre debiter ni contre faire ledit Ouvrage ni d'en faire aucuns Extraits sous quelque pretexte que ce puisse être sans la permissions expresse par ecrit dudit Exposant ou de ceux qui auront droit de lui à peine de confiscation des Exemplaires contrefaits de trois mil livres d'amende contre chacun des contrevenants dont un tiers à nous un tiers à l'hotel Dieu de Paris et l'autre tiers aud. Exposant ou à celui qui aura droit de lui et de tous depens domages et interets à la charge que ces presentes seront enregistrées tout au long sur le Registre de la Comunauté des Imprimeurs et Libraires de Paris dans trois mois de la datte d'icelles que l'impression dud. Ouvrage sera faite dans notre Royaume et non ailleurs en bon papier et beau caractere conformement à la feuille imprimée attachée pour model sous le contre scel des présentes que l'impetrant se conformera en tout aux reglements de la Librairie et nottament à celui du 10 Avril 1725 qu'avant de l'exposer en vente le Manuscrit qui

aura servi de copie à l'impression dud. Ouvrage sera remis dans le
même etat ou l'Aprobation y aura eté donnée es mains de notre tres cher et
féal Chevalier Chancelier de France le S.^r De Lamoignon et qu'il en sera en
suite remis deux Exemplaires dans notre Bibliotheque publique un dans celle
de notre chateau du Louvre et un dans celle de notre tres cher et féal Ch^{er}
Chanc.^{er} de France le S.^r De Lamoignon le tout à peine de nullité des presentes
Du contenu desquelles vous mandons et enjoignons de faire jouir led. Expo-
sant et ses ayant causes plainement et paisiblement sans souffrir qu'il leur
soit fait aucun trouble ou empechement Voulons que la Copie des Presentes
qui sera imprimée toutaulong au commencement ou à la fin dud. Ouvrage
soit tenu pour duement signifiée et qu'aux Copies collationnées par l'un
de nos amés et féaux Con^{er} Secretaire foy soit ajoutée comme à l'original
Commandons au premier notre Huissier ou Sergent sur ce requis de faire
pour l'execution d'icelles tous Actes requis et necessaires sans demander
autre permission et nonobstant clameur de Haro Charte Normande et
Lettres à ce contraires: Cartel est notre plaisir. Donné à Versailles le
premier jour du mois de May l'an de grace mil sept cent soixante et un
et de notre Regne le quarante sixieme. Par le Roy en son Conseil

Le Begue.

Registré sur le Registre XVe de la Chambre Royle et Syndicale des Libraires
et Imprimeurs de Paris N.º 279 fol. 170 conformement au reglement de 1723 qui
fait defense art. 4.1 à toutes personnes de quelques qualites et conditions qu'elles
soient autres que les Libraires et Imprimeurs de vendre debiter faire afficher aucuns
Livres pour les vendre en leurs noms soient qu'ils s'en disent les auteurs ou autre-
ment et à la charge de fournir à la susd. Chambre neuf exemplaires prescrits
par l'article 108 du même reglement à Paris, le 8 May 1761

Saugrain   Sindic